F. DE LA PONTERIE

PARIS

VERSAILLES

ET

LA FRANCE

PARIS
E. DENTU, LIBRAIRE-ÉDITEUR
GALERIE D'ORLÉANS, 17-19 (PALAIS-ROYAL)
—
1871

PARIS

VERSAILLES
ET
LA FRANCE

I

Après les catastrophes qui se sont précipitées sur nous depuis un an, lorsqu'on essaie de réveiller ses souvenirs ou de résumer ses impressions, tout s'abîme dans le sentiment d'une profonde douleur. Il semble que notre seul refuge soit désormais dans notre infinie tristesse, et que nous n'ayons plus qu'à porter en silence le deuil de notre pays. Nos pères nous avaient raconté comme une légende inexpiable l'invasion de notre territoire en 1814 et en 1815, l'Europe coalisée se ruant sur nous, la paix signée deux fois dans notre capitale avec l'ennemi victorieux. De tels désastres paraissaient avoir épuisé notre part de malheurs dans ce siècle.

Et cependant il nous était réservé, à nous aussi, de voir la France vaincue, mutilée, son influence détruite, son prestige anéanti, ses armées dispersées ou captives, sa terre pleine de morts, l'éclat de son drapeau terni et son nom abaissé. Mais il y a dans cette nation, si extraordinaire par la façon dont elle pousse sa gloire et par l'excès de ses abaissements, tant d'énergie et de vitalité, que dès le lendemain de cette effroyable aventure elle se reprenait à la vie et se dégageait de ses ruines. Pour mettre le comble à ses maux, il a fallu que des mains criminelles vinssent s'acharner à la détruire en faisant succéder à des revers inouïs toutes les horreurs de la guerre civile, et en souillant et dévastant par le pillage, le meurtre et l'incendie, la ville illustre à laquelle un ennemi, cependant implacable, n'avait pu infliger que les stigmates du bombardement.

La Commune, en effet, qui vient de disparaître sous l'effort héroïque de nos soldats, la Commune était un crime; elle était l'œuvre de criminels et n'était rien de plus. Ce n'était pas une expérience politique. Ce n'était pas même un attentat contre la souveraineté nationale au profit de certaines doctrines controversées ou incomprises. Aucun sophisme ne saurait faire reconnaître dans cette rébellion exécrable un essai du système de la fédération. C'était une explosion sauvage de toutes les haines qui s'accumulent dans les bas-fonds sociaux, et que les forces organisées de l'ordre ont pour mission de contenir. L'attentat était dirigé contre tout ce qui faisait, dans le présent comme dans le passé, la fortune et l'honneur de la France, contre tout ce qui constituait, dans son développement normal depuis dix siècles, notre vie politique, intellectuelle et morale; vouant à la même destruction les palais, les musées, les églises, nos gloires anciennes et les modernes avec tous les témoignages du génie ou du travail humain, afin de tout réduire parmi nous à la stupide égalité du néant.

La Commune, on peut également la juger d'après ses principes, ses actes et ses hommes. Les hommes étaient des inconnus revêtus de quelque pouvoir mystérieux ou ces aventuriers de la guerre sociale, que toutes les nations ont produits de tout temps, et que le sentiment populaire a tour à tour exaltés dans leurs conceptions et maudits dans leurs œuvres. Les actes n'ont jamais eu un caractère municipal. Ils ont porté directement atteinte aux droits les plus incontestables du pouvoir central jusqu'au jour où, saisis de vertige, des scélérats en démence déshonorant encore par l'assassinat et l'incendie, les dernières convulsions d'une résistance désespérée, ont dépassé, en les renouvelant, les forfaits de la Terreur. Quant aux principes, s'ils avaient contenu un élément de justice, ils ne s'en effaceraient pas moins devant les lueurs sinistres de toutes ces destructions; mais, par eux-mêmes, ils sont monstrueux. La démagogie, déçue dans son attente par les résultats du scrutin de liste, a voulu substituer le suffrage exclusif des populations ouvrières au libre suffrage de la France. C'est dans ce but qu'a été institué ce pouvoir nouveau, la Commune; si toutefois il est permis d'appeler un pouvoir une tentative abominable de despotisme qui, prenant pour titre la fédération, pour formule la république universelle, et pour agent le prolétariat armé des villes, ne poursuivait en définitive que l'anéantissement de toutes les forces inanimées ou vivantes de la civilisation.

II

De semblables événements échappent par leur nature aux discussions savantes de la politique pour retomber sous la répression de la force et l'autorité de la loi. La politique, cependant, lorsque l'œuvre de la justice est accomplie, doit se saisir à son tour des faits et aborder hardiment des problèmes qu'il lui appartient de résoudre. Comment une population intelligente et généreuse de deux millions d'âmes a-t-elle pu se courber à ce point sous la servitude de la canaille? De quel mal profond et redoutable est travaillée une nation pour que de pareilles crises puissent s'y produire? Où est l'action des pouvoirs publics? Où sont les responsabilités? De quel côté est l'espérance? Comment pourra se rétablir la paix sociale, sans laquelle il n'y a plus dans un pays ni garantie pour les biens, ni sécurité pour les personnes, ni grandeur nationale, ni droit, ni liberté? Et pour appliquer ces questions au sujet même qui nous occupe, nous avons à nous demander : Dans quelles circonstances ont éclaté ces effroyables troubles? Quelles étaient au 18 mars les dispositions de Paris et de la province? Quel est maintenant l'état du sentiment public? Quelle a été la conduite des hommes au pouvoir? Lorsqu'il s'agissait de prévenir ces désordres dont la répression allait coûter tant de sang, comment s'est exercée l'action des ministres et celle de leur illustre président, M. Thiers? L'Assemblée, entre les mains de qui se trouve placé le dépôt de la souveraineté nationale a-t-elle fait acte de prévoyance, de sagesse dans les directions qu'elle a imprimées à la politique? Et, si des fautes ont été commises, si nous avons le droit de concevoir des inquiétudes pour l'avenir, quels changements devons-nous appeler? Suffit-il aujourd'hui de quelqu'un de ces remaniements ministériels auxquels nous a habitués le jeu des monarchies constitutionnelles? Pouvons-nous renouveler et compléter par des élections partielles l'autorité de la Chambre? Où est en un mot la politique de la France; où est son salut? Car il faut que la France se retrouve elle-même, qu'elle reprenne confiance dans ses forces, dans son génie et dans ses destinées. Malgré la terrible tempête qui s'est abattue sur elle, il y a dans les débris des ruines dont elle est couverte de quoi continuer noblement son histoire et recomposer sa grandeur.

III

Avant d'examiner ces questions et d'apprécier le caractère et les conséquences des derniers événements, il convient d'en rechercher les origines et de montrer les éléments d'une situation qui étonne par sa douloureuse nouveauté.

Lorsqu'a éclaté, le 18 mars, l'insurrection de Paris, toutes les forces de la résistance sociale se trouvaient concentrées dans l'Assemblée issue des élections du 8 février et dans le pouvoir organisé par cette chambre. Les représentants du pays et les membres du gouvernement étaient unis sans doute dans une pensée commune, la nécessité de rétablir et de venger l'autorité de la loi; mais les hommes politiques et les partis apportent à l'accomplissement d'une même tâche, selon leurs tendances secrètes et leurs antécédents, des dispositions si diverses que l'on s'exposerait à de fréquentes méprises en s'arrêtant à ces apparences. Il est donc indispensable d'établir à part chaque ordre de responsabilités.

L'Assemblée avait été élue dix jours après la signature d'un armistice qui stipulait, par le paiement d'une indemnité de 5 milliards et la perte de deux provinces, le prix de nos désastres. Si le cœur des peuples peut être troublé, comme celui des hommes, par les hasards tragiques qui surviennent dans leur histoire, on reconnaîtra que jamais élections générales n'eurent lieu dans des circonstances moins favorables à une manifestation réfléchie des vœux et des intérêts de la nation. La grandeur et la tristesse des derniers événements dominaient et absorbaient toutes les autres préoccupations. La France, cependant, montra dans cet acte décisif pour elle, un sentiment très-net de son jugement sur les hommes et de sa volonté. La province et Paris, isolés l'un de l'autre depuis cinq mois par le siége, votèrent sous des impressions contradictoires. Paris, indigné de l'habileté dérisoire de chefs militaires qui avaient condamné une ville de deux millions d'âmes et une armée de 400,000 citoyens à succomber presque sans combattre, Paris adopta exclusivement des candidatures ultra-révolutionnaires. La province, poussée en sens inverse par les folies et les misères de la délégation de Tours, donna à son vote le caractère d'une protestation contre cette dictature; elle voulut marquer sa défiance, non sans doute des institutions républicaines, mais des hommes qui avaient gouverné et confisqué la République.

La Chambre, qui était divisée par ce double courant d'opinion, contenait donc en elle-même un principe dangereux d'antagonisme. Elle comptait, d'ailleurs, peu d'individualités politiques. Les élus des grandes villes étaient des hommes obscurs, la plupart inconnus. De tels choix n'en présentaient par moins une grave signification, car ces noms ignorés, qui émergent d'une volonté imprévue du peuple, attestent toujours dans les classes ouvrières quelque travail latent et redoutable.

Les députés des départements agricoles appartenaient, au contraire, soit à la noblesse territoriale, soit à la haute bourgeoisie. Les plus distingués d'entre eux, MM. de Broglie, d'Haussonville fils, de Rémusat et Duchâtel devaient bien plus leur élection à une situation sociale incontestée qu'à des principes politiques qu'ils n'avaient pas même songé à formuler dans leurs professions de foi. Cette Assemblée néanmoins, telle qu'elle était, suffisait à sa tâche. Elle n'avait, en effet, recu des électeurs qu'une mission : la paix ; la ratification d'une paix qui résumait pour nous cinq batailles perdues et trois capitulations ; la paix avec ce qui se rattachait étroitement à cet état nouveau, c'est-à-dire l'adoption de quelques mesures d'administration financière, d'ordre intérieur et de salut national. C'était là toute l'œuvre qui lui était attribuée, œuvre cruelle, faite d'abnégation et de patriotisme. Et quelles que soient les prétentions d'avenir qu'affecte maintenant la Chambre, sa conduite a bien prouvé qu'elle ne se sentait pas préparée à un autre rôle.

La mutuelle défiance de Paris et de la province se montre dès les premiers jours de la réunion du Parlement à Bordeaux. Des mouvements sourds ou des tentatives de révolte agitent Paris, Lyon, Marseille. Dans la Chambre, la majorité ne dissimule pas une sorte de crainte d'avoir à se retrouver au milieu de la population parisienne, et il faut tous les efforts personnels de M. Thiers pour déterminer ses collègues à se transférer à Versailles, comme dans un faubourg de Paris, mais indépendant de son influence et soustrait à son action. L'Assemblée se déplace sans que son esprit parvienne à se modifier. A Versailles comme à Bordeaux, elle ne sait prendre aucune attitude politique. Aucune entente ne s'établit entre les fractions diverses de la majorité sur la forme nécessaire du gouvernement. Cette majorité ne voulant pas proclamer la République, et ne pouvant pas, à cause de ses divisions, relever la monarchie, déclare qu'elle réserve pour un autre temps l'exercice de son droit souverain. Elle croit par là faire acte d'habileté, de probité ; elle ne fait acte que de faiblesse. Aussi, malgré son désir évident du bien public, est-elle frappée d'impuissance. Son autorité sur l'opinion est nulle. Les agitations qu'elle devrait contenir grandissent et l'enveloppent jusqu'à ce qu'elles éclatent dans le duel formidable de Paris avec la France. Alors la faiblesse de la Chambre est à nu. Ce qui, dans sa conduite, paraît être de la dignité, sa persistance à délibérer, au milieu des angoisses de la guerre civile, sur des objets d'intérêt secondaire, n'est de sa part que l'aveu de l'impossibilité où elle se trouve d'aborder de front les grandes difficultés du moment. Paris isolé, révolté, d'où peut se faire entendre la voix de la nation? Evidemment, de la Chambre. Or cette voix est muette. C'est à peine si l'Assemblée adresse à la province un appel qui n'est pas entendu.

Quel contraste entre cette indécision et la conduite d'une autre Assemblée qui s'était trouvée pourtant dans des circonstances moins émouvantes pour son patriotisme ! — Nous parlons de la Constituante de 1848. Les républicains, égarés par l'incurable défiance de leur parti, ont accusé cette Chambre de mauvaise foi parce qu'elle a acclamé dix-neuf fois la République sur les marches du Palais-Bourbon. En agissant ainsi, la Constituante avait, au contraire, donné un pivot certain à la politique dont elle allait diriger les mouvements; elle avait écarté, temporairement du moins, les compétitions de pouvoir, et en créant un ordre légal, elle avait fait entrevoir un avenir. Cette force acquise par elle se déploie au moment de l'insurrection de juin. La France, appelée par ses représentants répond avec une ardeur merveilleuse. L'élan est universel. Les gardes nationales des départements accourent vers Paris afin de prendre part au combat de l'ordre. De toutes parts se révèle la virilité de la nation, sa volonté de ne pas laisser la société périr sous cette tentative criminelle. Et la Chambre se montre digne de présider à ce généreux entraînement. Elle est inébranlable dans sa confiance et dans ses résolutions. Elle est héroïque. Elle marche à la tête des troupes. Elle paie de son sang la victoire sociale dont elle porte le drapeau. L'histoire, qui n'est pas ingrate, l'a proclamée pour cela une grande Assemblée.

Encore une fois, quelle différence de 1848 à 1871, et quel contraste! Dans cette seconde et plus redoutable crise, l'énergie de quelques-uns échoue devant une sorte de parti-pris d'abstention parlementaire. On ne parvient pas à former une députation auprès des soldats. L'Assemblée envoie pour ainsi dire sa procuration à notre armée captive en Allemagne, la chargeant de reconquérir Paris au nom de la loi. De telle sorte que si les journaux n'avaient pas entretenu leurs lecteurs de cette affreuse guerre, la France voyant les actes publics datés de Versailles et les délibérations de la Chambre tenues à Versailles, ainsi qu'il devait être, la France qui a pu mesurer à l'immensité des ruines l'étendue d'un mal dont elle ne soupçonnait pas la profondeur, la France, disons-nous, aurait à peine connu l'existence de ces événements.

IV

Au pouvoir de délibération et de souveraineté qui résidait dans la Chambre correspondait un pouvoir d'exécution et de responsabilité qui se résumait dans la personne et dans l'autorité de M. Thiers.

M. Thiers venait d'être élu dans vingt-sept départements. Un tel hommage d'un peuple envers un homme était fait pour accroître singulièrement le prestige du plus lumineux talent et de la plus longue expérience. Des causes faciles à définir ajoutaient encore à l'importance de l'ancien premier ministre du roi Louis-Philippe. Depuis 1863, il avait été le véritable chef et le guide le plus éloquent du parti libéral en France. Il avait formulé les doctrines de ce parti dans des discours célèbres sur les libertés nécessaires. Il avait signalé les périls de la politique impériale au dehors. Et lorsque le mouvement d'opinion qu'il avait provoqué contre les agrandissements de la Prusse allait aboutir à la guerre, il avait été presque seul à avertir le pays des dangers nouveaux et extrêmes dans lesquels on allait s'engager. Lorsqu'on avait cru devoir porter notre cause devant les conseils de l'Europe, il avait, dans son patriotisme, donné les preuves d'un dévoûment que les fatigues naturelles de l'âge n'avaient pu ralentir. Après avoir lutté pour la liberté contre les ministres de l'Empire, il avait personnifié avec le plus d'habileté et de force la résistance des libéraux aux emportements de la dictature de Tours et à ses tentatives de plagiat révolutionnaire. Enfin, c'était à lui que l'on devait ces fortifications de Paris qui venaient d'arrêter pendant cinq mois l'invasion.

L'Assemblée voulant reconnaître tant de services illustres et ratifier le verdict du suffrage universel appela, par son premier vote, M Thiers à la présidence du conseil des ministres, avec le titre de Chef du pouvoir exécutif. Cette récompense était la plus haute qu'un citoyen pût recevoir dans un État libre ; et s'il est vrai que, prévoyant les catastrophes d'où peuvent surgir de telles situations, M. Thiers se fût depuis longtemps réservé pour ce rôle, il a trouvé dans cette rare fortune d'assez cruels devoirs à remplir et assez de deuils personnels pour que l'on doive user envers lui de la plus respectueuse équité.

L'antagonisme que nous avons signalé dans la

Chambre entre les députés de Paris et ceux de la province, ne pouvait échapper à la clairvoyance du nouveau chef du gouvernement. M. Thiers ne se dissimulait pas qu'il personnifiait surtout la protestation de la France contre une dictature violente et stérile, mais il reconnaissait en même temps que cette dictature, dont les actes étaient peu connus à Paris, était entourée dans cette ville des sympathies populaires. Il voulut donc constituer une administration qui offrît des gages aux deux partis. Malheureusement les choix auxquels il s'arrêta étaient peu éclairés. Pour gagner l'opinion parisienne, il confia les deux principaux portefeuilles politiques, celui de l'intérieur et celui des affaires étrangères, à M. Ernest Picard et à M. Jules Favre, c'est-à-dire aux deux hommes qui partageaient au plus haut degré avec M. le général Trochu, l'impopularité des fautes de la défense et la responsabilité de la capitulation. Afin de s'assurer la majorité dans la Chambre, il appelait, d'autre part, au ministère, M. Lambrecht, M. Dufaure, M. de Larcy, tous personnages peu sympathiques ou convaincus de peu de libéralisme. Il laissait, en outre, le portefeuille de la guerre entre les mains d'un ancien soldat fort honorable, mais que son âge devait écarter des affaires, et qui, dans la même situation, n'avait montré à Paris aucune capacité, M. le général Le Flô, dont le nom couvrait à peine d'un voile transparent l'autorité directe du chef du pouvoir exécutif sur ce département ministériel.

Une administration ainsi formée ne répondait

aux vœux, ni de la Chambre, ni de la France, ni de Paris. Elle ne pouvait exercer aucune influence collective au dedans ni au dehors de l'Assemblée. Seulement elle plaçait dans un relief particulier, et qui n'était pas involontaire, la personne même de M. Thiers.

M. Thiers rétablissait, en effet, à son profit, non pas la dictature,— le mot est gros et le fardeau est lourd, — mais le pouvoir personnel, ce pouvoir qu'il avait si longtemps combattu, et il le faisait revivre dans tout ce qu'on peut y déployer d'activité jalouse. Qu'il s'agît des affaires du dedans ou de celles du dehors, de la paix à conclure, de l'insurrection à vaincre, ou de l'opinion à éclairer, dans les négociations avec l'ennemi, à la Chambre, sur le terrain des opérations militaires, il était tout, était partout, et il se multipliait afin de suffire à tout. A Versailles, il avait été le négociateur de son propre gouvernement, obligé de discuter et de se résoudre sur l'heure, sans pouvoir en référer à ceux de qui il tenait sa mission. M. de Bismark, dont l'habileté est prompte à tirer parti de toutes les fautes, avait pris soin de l'isoler encore dans cette accablante responsabilité en l'invitant à ne rien communiquer de leurs entretiens à la commission parlementaire qui lui était adjointe. Dans l'Assemblée, c'était lui qui soutenait le choc de toutes les discussions. Chef du gouvernement, il était le seul orateur militant de son gouvernement.

Nous n'exagérons rien dans la situation de M. Thiers. Nous atténuons plutôt certaines prétentions à élever ce pouvoir d'un homme au niveau d'une nécessité de salut public. M. Thiers a été le mandataire universel de la France écrasée. Comment donc sa part de responsabilité ne serait-elle pas considérable, et dans les conditions de paix que nous avons subies, et dans les irrésolutions parlementaires qui, dès les premières heures de la guerre civile, ont tant contribué à exalter l'attaque et à affaiblir la défense? Et cette part devient énorme, lorsqu'on s'arrête aux événements de Paris. Le 28 janvier, M. Jules Favre avait commis la faute, peut-être inévitable, de laisser leurs fusils aux bataillons parisiens de la garde nationale. Nous disons « peut-être inévitable, » car il n'est pas certain que la population indignée de l'inertie de la défense n'eût pas rompu la capitulation et exposé Paris à d'inexprimables horreurs, en refusant de livrer ses armes promises. Mais n'est-ce pas M. Thiers qui, sans nécessité et malgré ce péril, a licencié l'armée de l'ordre en congédiant les gardes mobiles qui étaient avec nous durant le siége? Puis, dès l'origine des troubles, Paris est abandonné. Le gouvernement ne se retire pas; il est en fuite. Le 18 mars, les canons de l'émeute sont pris sans que l'on ait à vaincre de résistance, mais ils sont laissés en place et rendus à l'insurrection trois heures après. Du 22 au 25, vingt mille hommes de bonne volonté, occupant la place de la Bourse, le Grand-Hôtel et la gare du chemin de fer de l'Ouest sont livrés à eux-mêmes, sans instructions, sans chefs. On leur annonce alors qu'une réconciliation s'est opérée entre le pouvoir siégeant à Versailles et le Comité central des gardes nationales. A ce moment Paris, avec ses immenses richesses, avec les trésors d'art et de science accumulés dans ses bibliothèques, dans ses palais et ses musées, devient la proie des factieux. Les portes de la ville sont fermées derrière le gouvernement qui s'en va, et la grande œuvre des fortifications se retourne contre le pouvoir légal, la société et la France elle-même.

C'est ici qu'apparaît, suivant nous, la faute capitale de M. Thiers. En laissant à l'insurrection le temps de se rendre maîtresse de Paris et de s'y établir dans des positions formidables après s'y être organisée comme dans une place forte, il lui a permis de nous tenir en échec pendant deux mois. Il en est résulté une lutte atroce durant laquelle on a pu croire que les forces de la révolte étaient égales à celles de l'ordre dans ce pays. Or, que l'opinion du monde et celle de la France pussent être égarées sur ce point, cela constituait le plus grave dommage à nos intérêts et à notre honneur national.

V

Maintenant cette analyse est terminée. Voilà les éléments qui composent cette situation. Voilà les contradictions et les antagonismes qu'elle renferme, les crimes qui ont été commis et les fautes qu'on leur a opposées.

Cet état de choses se montre à nous dans toute

sa gravité lorsqu'on le rapproche du but que la France devait assigner à ses nouveaux efforts.

La France avait vu l'Empire s'écrouler et en même temps elle avait perdu son rang dans le monde. Toutes les questions politiques, sociales et historiques que renferment les révolutions et la guerre se trouvaient brusquement soulevées. Elles se compliquaient d'un effondrement sans exemple de notre puissance militaire. Et comme nos défaites avaient été suivies d'un changement dans notre état politique, nous faisions à la fois l'épreuve de ce qu'il y a de faiblesse pour un peuple dans les organisations usées et dans les pouvoirs instables. La part faite, et si large que ce soit, à l'imprévoyance de nos anciens gouvernants nous devions reconnaître que ce qui nous avait manqué c'était nous-mêmes. Nous étions les vaincus de la science, de l'intelligence, de la civilisation moderne dont les progrès venaient nous surprendre et nous accabler. Si l'on doit mesurer la vertu des forces sociales à ce qu'elles déploient d'énergie pour retenir une nation dans sa chute, on peut dire que tout l'organisme créé par notre ancienne société catholique et monarchique se brisait sous le choc de forces nouvelles et plus puissantes. Au milieu de ces humiliations et de ces ruines nous ne devions pas nous arrêter à de vaines disputes sur la forme du gouvernement. Tous les cadres anciens de la division des partis étaient devenus trop étroits. Nous n'avions rien à attendre d'une restauration des pouvoirs divers qui depuis soixante-dix ans s'étaient succédé parmi nous.

Dans le passé, la monarchie traditionnelle n'avait su que restaurer des priviléges en croyant relever l'autorité. La royauté de 1830 avait espéré contenir les instincts démocratiques de notre époque en les subordonnant aux légitimes influences du talent et de la richesse. L'Empire avait péri victime de son œuvre européenne et pour avoir laissé abaisser la France dans les renouvellements territoriaux dont il était le promoteur. Etait-ce l'heure de recommencer toutes ces expériences? La France s'appartenait enfin à elle-même. Dégagée de ce que les partis portent toujours avec eux d'exclusif et de mesquin, elle pouvait instituer une politique nationale, vraiment faite par elle-même et pour elle, puisant ses inspirations dans les leçons terribles que nous venions de subir.

Par là, d'ailleurs, les questions intérieures se rattachaient étroitement aux questions extérieures, et lorsque M. Thiers parlait de réorganiser la France, les esprits sérieux l'entendaient autrement que des objets matériels auxquels faisait allusion l'éminent homme d'état. Si nous pouvions parvenir à réparer nos désastres ce n'était qu'en introduisant dans nos mœurs et nos lois, dans notre éducation sociale et dans notre organisation politique une série de réformes promptes et radicales.

A l'intérieur, nous nous étions épuisés dans des querelles stériles. Nous n'avions su ni réaliser ni même entrevoir les conditions du gouvernement dans les démocraties. Le parti conservateur-libéral, celui qui exerce la direction des affaires dans tous les pays libres, sortait impuissant d'une domination de vingt ans qui n'avait, cependant, été troublée par aucun mouvement populaire. Toutes les garanties de l'ordre par l'autorité s'écroulaient, il nous fallait organiser les garanties de l'ordre par la liberté. Notre administration centraliste étouffe la vie communale et paralyse l'initiative individuelle, il fallait briser ces obstacles. Notre magistrature a vu son caractère compromis par des services politiques, il fallait relever son indépendance. Tout était à refaire parmi nous, depuis nos lois économiques qui entravent le travail sous prétexte de le protéger, jusqu'à nos lois d'administration et à nos lois politiques moins accessibles au mouvement populaire que celles des nations qui n'acceptent pas encore le suffrage universel. L'équilibre du budget, qui restera une chimère tant qu'on le cherchera dans de vaines économies, se serait établi par l'efficacité financière de ces réformes. L'enseignement public qui s'abstrait dans les choses mortes n'aurait pas dédaigné de suivre les traces lumineuses du passé, mais il se serait également attaché aux choses vivantes : les langues modernes, les sciences appliquées, les arts d'utilité pratique. On aurait vu alors ce que l'on a pu reconnaître deux fois depuis dix ans, en Amérique et en Allemagne, à savoir que dans notre temps les agents de l'industrie et de la science deviennent les plus terribles agents de la guerre et que les peuples se défendent, luttent et triomphent par les forces mêmes qui constituent chez eux le travail et la vie.

A l'extérieur, la France devait renoncer à ces

entreprises solitaires et ténébreuses au bout desquelles se trouvaient des succès imprévus comme nos victoires en Italie, ou d'épouvantables revers tels que ceux qui venaient de s'appesantir sur nous. Elle n'était plus la puissance dominante en Europe; mais elle regagnait déjà des sympathies populaires, et elle était loin d'être, comme autrefois l'Italie et la Grèce, condamnée, pour revivre, à d'obscures conspirations. Elle restait une nation de 37 millions d'âmes pouvant mettre sur pied une armée d'un million d'hommes, qui ne tarderait pas à retrouver son antique élan et sa bravoure légendaire. Elle devait donc rentrer dans la politique générale de l'Europe, d'où elle s'était volontairement exilée depuis vingt ans. Nous reprenions ainsi les traditions de notre histoire. Les petits États menacés, — ce qui en reste, du moins, — le Danemark, la Hollande, la Suisse, se seraient groupés autour de nous. Débarrassés de toute querelle du côté de l'Espagne, par le traité des Pyrénées; affranchis de toute préoccupation du côté des Alpes, par la rectification de nos frontières en 1860; désintéressés par nos malheurs mêmes dans les événement de l'Orient, nous pouvions concentrer toute notre attention et toutes nos forces sur les Vosges et le Rhin. Nous étions vaincus pour avoir favorisé follement des révolutions territoriales qui ne pouvaient s'accomplir qu'au détriment de notre propre grandeur, nous devions en revenir à ces fermes principes d'équilibre et de juste pondération entre les États, qui avaient si longtemps dirigé notre politique et qui avaient fait à la fois son honneur et ses succès.

Puis, au-dessus de cette France réformant ses lois, ses mœurs, se pénétrant de la science nouvelle et la propageant à son tour, apparaissait dans les conditions séculaires de son influence et de sa grandeur, Paris, le Paris industriel, artistique, politique, dont le prestige était, il y a peu de mois encore, un attrait universel, Paris rendu plus sévère par le malheur, ville de goût et de travail qui allait redevenir le foyer intellectuel du monde.

De telle sorte qu'au lendemain de nos désartres il y aurait eu en Europe deux politiques et deux villes marquées spécialement de leur sceau. La politique d'oppression et de conquête aurait eu sa capitale à Berlin; la politique de liberté et d'affranchissement aurait eu son centre à Paris. En attendant qu'il nous fût donné de relever notre grandeur matérielle, nous aurions relevé notre grandeur morale.

C'était là, ce doit être encore là notre espérance et le but de nos efforts.

VI

Eh bien! ce but d'une politique libérale et nationale à pratiquer au dedans et au dehors étant déterminé, et les éléments de notre situation étant connus, quel est le remède que nous propose le gouvernement? Chefs de la France qui n'a pas déserté sa propre cause, maîtres de Paris reconquis par le dévoûment de l'armée, quel dessein politique mettent en avant M. Thiers et ses collègues?

Ils proposent des élections partielles et ils s'engagent à convoquer les électeurs dans leurs colléges à l'effet d'élire des députés aux 115 siéges vacants dans la Chambre.

Nous disons que c'est là une mesure stérile, impuissante, et dont l'inefficacité n'a pas besoin de longs arguments pour être démontrée.

Compléter la Chambre de Versailles! Mais ce soin est bien superflu. Cette Chambre est complète telle qu'elle est. Elle a son unité et son caractère historique. Elle aura le double honneur et la double responsabilité d'avoir signé la paix avec l'ennemi et de s'être abritée sous le drapeau de l'ordre dans la lutte sociale la plus effrayante que la France ait eu à soutenir.

Sa majorité n'est pas la majorité qui se rencontre d'ordinaire dans les assemblées législatives; c'est une quasi-unanimité. Cette unanimité s'est formée par la communauté de certaines impressions qui dominaient en France lors des élections du 8 février, et par la retraite volontaire de tous ou de presque tous ceux qui y représentaient la démocratie radicale ou la démagogie. A ce point que le radicalisme, — et nous parlons de cette partie de l'opinion avancée qui consent encore à vivre sous la loi, — le radicalisme ne compte pas plus de quinze voix dans la Chambre.

Mais cette majorité, si imposante par le nombre et dans l'apparence, est-elle une majorité politique? Pas le moins du monde. Elle comprend des légitimistes, des orléanistes, quelques bonapartistes et un certain nombre de libéraux sincères qui, sans faire de la République un dogme farouche, pensent que cette forme de gouvernement est celle qui répond le mieux à nos conditions présentes et aux nécessités de notre situation.

Est-ce que l'alliance momentanée de ces partis prouve leur fusion définitive? Est-ce que les légitimistes, les orléanistes, les républicains et les impérialistes ont les mêmes doctrines politiques? Sont-ils attachés aux mêmes institutions et poursuivent-ils le même idéal? Leurs divisions ne seraient plus alors que de misérables compétitions personnelles. Ils subordonneraient leurs convictions à des affections dynastiques. Le penser serait les calomnier. Il y a entre tous ces partis de plus graves et plus légitimes dissentiments. Ils ne diffèrent pas seulement sur le titre du pouvoir et sur le nom du gérant de ce pouvoir; mais ils sont en désaccord sur les conditions mêmes dans lesquelles ce pouvoir doit être exercé, sur ses origines et ses fonctions. Et c'est à cause de cela seulement qu'ils méritent d'être appelés des partis.

Ni les légitimistes, ni les orléanistes, ni les impérialistes, ni les républicains de l'Assemblée n'ont renoncé à leurs prétentions ou à leurs doctrines, et, cependant, nous le répétons, il existe dans cette Chambre une majorité qui est presque une unanimité. Comment donc cette majorité s'est-elle produite?

Cette majorité s'est constituée sous l'impression

des événements de Paris. Elle est née d'une protestation de la conscience publique contre ce nouvel et formidable attentat. Elle a exprimé la ferme volonté de la France de ne pas laisser Paris se soustraire à la loi générale.

C'est une majorité de guerre civile.

Et c'est une telle majorité que l'on veut fortifier ou compléter? Mais ce qu'elle peut avoir de force, elle l'a; car cette force, elle ne la puise pas en elle-même, dans ses principes ou sa conduite; elle l'emprunte à des événements qui la dominent. Et elle est complète dans son caractère et dans son rôle, car elle possède une unité d'action à laquelle il serait difficile de rien ajouter.

Que viendront faire dans cette Chambre les 115 députés nouveaux que l'on veut faire élire? Est-ce qu'ils lui donneront le caractère constituant? Mais si la Chambre a le pouvoir de choisir entre les formes diverses de gouvernement qui se partagent l'opinion, comment ne l'a-t-elle pas exercé déjà? Quel service n'aurait-elle pas rendu au pays, et à quel point n'aurait-elle pas affaibli l'insurrection en proclamant la République? Et si elle ne l'a pas, si elle est souveraine pour la paix et qu'elle ne soit rien de plus, comment son mandat pourra-t-il être changé par des élections partielles?

Puis nous aurons donc deux Chambres dans une seule, et deux Constituantes de dates diverses dans une même Assemblée? Nous aurons une constituante du 8 février et une constituante du 30 juin; l'une comptera 115 membres et l'autre 615, et ces deux Assemblées délibéreront et voteront ensemble; leur volonté s'exprimera dans un seul scrutin. Mais est-ce que les conditions dans lesquelles auront lieu les élections nouvelles rappellent les conditions dans lesquelles a été formée la Chambre elle-même? Le 8 février la France n'avait qu'une préoccupation et qu'un vœu, la conclusion d'une paix plus ou moins onéreuse. Maintenant la paix est faite, et il ne s'agit plus de revenir à ce triste sujet. Les députés nouvellement élus n'auront pas même à entrer dans la voie où la Chambre a dû s'engager depuis le 18 mars, car la bataille définitive contre l'émeute est livrée et gagnée. Ils n'auront donc pas à s'associer à l'œuvre de l'Assemblée. Pour les cent quinze élections à faire, les exigences du scrutin de liste vous obligent, en outre, à consulter soixante départements. Vous reconstituez un septième de la Chambre et vous interrogez les deux tiers des citoyens. Le mouvement électoral que vous provoquez est hors de proportion avec la puissance parlementaire que vous créez. Il en résulte que ces députés ne sauraient être un simple appoint dans le Parlement, car ils représentent une part trop considérable de la volonté nationale. D'un autre côté, ils ne peuvent pas dominer la Chambre et la renouveler, car ce serait un scandale qu'une telle expression partielle des vœux du pays vînt se substituer à l'influence et à l'autorité d'élections générales. Pourquoi donc introduire dans cette Chambre de tels éléments de trouble? On ne parviendra de la sorte qu'à produire entre les deux parties de l'Assemblée, — l'ancienne et la récente, — des tiraillements qui affaibliront la majorité sans l'éclairer. La Chambre de 1871 ne sera plus elle-même ; elle changera de rôle et verra modifier son mandat ; et cependant elle n'aura ni le caractère, ni l'autorité, ni cette particulière indépendance d'une Assemblée qui est sûre d'elle-même, parce que, émanant d'élections générales, elle est le témoin irrécusable des volontés actuelles du suffrage universel.

VII

Il faut renoncer à la pensée puérile de raviver par des élections partielles l'autorité de la Chambre. On ne ferait par là qu'altérer son origine et briser son unité. Il faut également renoncer à constituer avec les éléments parlementaires actuels un ministère durable, qui ne peut se rencontrer ni dans la Chambre ni au dehors. On sera bientôt amené à reconnaître l'impuissance des combinaisons que l'on essaie en ce moment.

Prenons la situation telle qu'elle se présente.

L'immense autorité dont a été investi M. Thiers s'est assurément épuisée, ou tout au moins diminuée dans les difficiles négociations qu'il a conduites pour la paix, après tant de défaites, et dans le drame terrible de la guerre civile qui a suivi. L'histoire n'offre pas d'exemple d'un pouvoir qui ait survécu à d'aussi terribles épreuves et aussi multipliées.

Les ministres ne peuvent pas être maintenus dans les postes qui leur ont été confiés, car il est trop évident que la plupart d'entre eux sont chargés de l'exécration de la population parisienne, et qu'ils ne possèdent pas la confiance de l'Assemblée. Et d'autre part il est impossible de former une administration qui soit à la fois un ministère parlementaire et un ministère d'opinion, c'est à-dire qui soit d'accord en même temps avec la majorité législative et avec le sentiment public, parce que les élections du 8 février n'ayant pas eu un caractère politique, l'esprit de la majorité dans la Chambre ne correspond pas à l'esprit de la majorité dans le pays.

Enfin la Chambre elle-même ne peut pas prolonger son existence dans sa composition actuelle, puisqu'il est impossible de laisser se perpétuer une vacance de cent quinze siéges. Et cependant des élections partielles aussi nombreuses, et mettant en jeu une si grande puissance électorale, sont une faute grave qui peut vicier l'expression de la volonté nationale et qui doit jeter un trouble profond dans le fonctionnement du pouvoir législatif.

Dans ces circonstances, qui doit intervenir? La nation elle-même; et elle seule le peut avec une autorité qui soit indiscutable.

Qu'elle fasse d'abord comme le malade après une de ces crises qui sont les épreuves périodiques de la vie, qu'elle se repose et cherche à se reconnaître. Pendant ce temps, le ministère, dégagé des embarras de la politique, pourra se consacrer à des travaux bien nécessaires de réorganisation administrative. La Chambre actuelle votera le budget, quelques lois financières urgentes, et elle adoptera une réforme électorale substituant le scrutin par arrondissement au scrutin de liste. En même temps s'accomplira l'indispensable réconciliation de Paris et de la province. On entrera alors dans un ordre de faits nouveaux. Ce que l'on a tenté au mois de février, et ce qui était irréalisable à cette époque, on pourra l'atteindre malgré l'incomparable gravité des derniers événements. Nous procéderons à des élections générales. Ces élections auront un terrain vraiment politique, terrain déblayé des difficultés extérieures et des révoltes intérieures. Elles auront pour point de départ la paix au dedans et au dehors; pour but, la manifestation libre et précise de la volonté de la France.

Et croirait-on ce pays assez dégénéré pour qu'il n'ait pas un intérêt immense à exprimer hautement ce qu'il ressent de toutes ces catastrophes? Lui si élégant, si glorieux et fait pour la vraie gloire, le voilà dépouillé, ruiné, flétri par toutes sortes de hontes; comment ne se regarderait-il pas lui-même avec une douloureuse pitié? Il a devant lui deux ennemis, l'un au dedans, l'autre au dehors, la démagogie et la Prusse. Mais en réalité la bataille est la même, et la cause de nos revers ne diffère pas de celle de nos troubles. Nous, les initiateurs d'une révolution qui a changé la face du monde, nous l'avons laissée devenir stérile parmi nous, ou se perdre dans des courants fangeux. De telle sorte qu'aucune nation n'est dépositaire au même titre que la nôtre, et aussi complétement, des grands principes qui gouvernent le monde moderne, et que, cependant, le mal contenu dans cette Révolution, comme il arrive dans tous les changements humains, ne s'est déployé nulle part avec plus d'énergie. Nous avons négligé dans l'application les nouveautés fécondes qui vivifiaient ces doctrines. Nous avons trop oublié que, de notre temps, l'ordre dans les sociétés ne peut pas être l'effet d'une tutelle paternelle, mais qu'il devient un don du despotisme si la vaillance du parti conservateur ne sait pas le conquérir et se l'assurer chaque jour. Quand le péril est venu, nous qui avions couvert le monde de négations, nous avons cherché un refuge dans des formes sociales usées qui n'étaient plus que des mots, car elles ne recouvraient plus que des souvenirs. Nous nous sommes aperçu trop tard que la force des peuples n'était plus dans certaines fausses apparences de hiérarchie et de respect, mais qu'elle était en eux-mêmes, dans les libres directions qu'ils se donnent, dans leur discipline et dans leur science, et moins peut-être dans la recherche individuelle de vertus sublimes que dans la pratique commune du devoir. Que l'on ne s'y trompe pas, ces sentiments qui font reposer sur les peuples mêmes la responsabilité de leurs diverses fortunes ne sont pas révolutionnaires; ce sont les seuls qui puissent conserver et défendre le droit dans la société où nous vivons. Tout le reste n'est qu'expédient et est destiné à périr dans des crises paaeilles à celles que nous avons trop souvent connues. Ces convictions se retrouvent, nous en avons la certitude, dans le cœur et dans la conscience du pays; n'est-il pas d'une utilité supérieure pour lui de les manifester dans des élections générales? Ce jour-là, nous entrerons vraiment dans des institutions nouvelles. La République ne sera plus un gouvernement de factieux, mais elle sera l'œuvre réfléchie de la nation. Et nous pourrons avoir confiance dans l'avenir, car nous verrons la France tout entière dans la profonde unité de son patriotisme et dans sa liberté, travailler à la réparation de ses malheurs.

Paris. Imp. Balitout, Questroy et Cⁱᵉ, 7, rue Baillif

www.ingramcontent.com/pod-product-compliance
Lightning Source LLC
Chambersburg PA
CBHW060548050426
42451CB00011B/1821